Un año en la Biblia

INSPÍRATE EN LAS ESCRITURAS
PARA TU DEVOCIONAL DIARIO

B&H Español
NASHVILLE, TENNESSEE

Un año en la Biblia
Copyright © 2019
Todos los derechos reservados.
Derechos internacionales registrados.

B&H Publishing Group
Nashville, TN 37234

Las citas bíblicas se han tomado de la versión *Reina-Valera 1960*® © Sociedades Bíblicas en América Latina, 1960. Renovado Sociedades Bíblicas Unidas, 1988. Utilizado con permiso.

Diseño de portada por Ligia Teodosiu
Illustration © creativemarket/NKTN

978-1-5359-3650-7

Impreso en EE.UU.
1 2 3 4 5 * 21 20 19

Contenido

Introducción

Introducción al Antiguo Testamento y Pentateuco	1
Introducción a los libros poéticos	14
Ilustración de EJÉRCITOS por tribus	35
Ilustración del tabernáculo	40 - 41
Introducción a los libros históricos	51
Josué – entrar, tomar, distribuir y permanecer	54
Introducción a los profetas menores	119
Introducción a los profetas mayores	125
Jesús como el siervo sufriente y el conquistador	138 - 139
El retorno del exilio	177
La genealogía de Jesús	188 - 189
Introducción al Nuevo Testamento y los Evangelios	190
Nombres y atributos de Jesús	194 - 195
Oraciones extraordinarias	210 - 211
Introducción a la historia de la Iglesia	214
Introducción a las epístolas generales	217
Introducción a las epístolas paulinas	219
Introducción al género apocalíptico	249
Recuerdos de la fidelidad de Dios	254

Introducción

En *Un año en la Biblia* usted será retado y animado a profundizar en la Palabra de Dios. Antes que nada, pida al Espíritu Santo que guíe su lectura y abra su mente al verdadero entendimiento de la Biblia.

Con ese fundamento, este libro cuenta con herramientas de estudio que facilitarán la comprensión de las Escrituras. Usted podrá registrar lo que su lectura diaria de la Biblia le muestra sobre el carácter de Dios o lo que Él pide de nosotros para vivir una vida de piedad. Los espacios en blanco en este libro tienen el propósito de animarle a razonar, dialogar con el texto y escribir sus dudas de términos o pasajes difíciles para una investigación más exhaustiva.

Asimismo, *Un año en la Biblia* le recordará que la Escritura es una sola historia, ya que formar una doctrina seleccionando versos fuera de contexto le causará confusión. El propósito de *Una año en la Biblia* es proveerle de la gran historia de redención, en vez de sustituir una meticulosa Biblia de estudio.

Un año en la Biblia provee introducciones de cada división literaria de las Escrituras para ayudarle a leer esos libros con un contexto en mente. El contexto es de importancia extrema para poder aplicar la

Biblia de una forma correcta. También, cada libro de la Biblia cuenta con un párrafo de descripción para que usted sepa dónde encaja dicho libro en el mensaje de redención.

Para asistirle con su vida devocional, *Un año en la Biblia* contiene listas de los nombres de Dios y definiciones de términos teológicos. Al conocer el carácter de Dios mediante estas herramientas, usted podrá recordar que Él nunca cambia y que Su bondad y misericordia persisten aún en las pruebas más difíciles de la vida. Su inmutabilidad será el fundamento del llamado a la perseverancia que Dios nos da en 2 Pedro 1:6.

Por último, recuerde terminar su tiempo de estudio en oración. Sin importar la cantidad dedicada a estudiar la Biblia, es el Espíritu Santo el que abre nuestros ojos para mirar las maravillas de su ley (Salmo 119:18).

Que el Señor derrame ricas bendiciones sobre usted mientras se deleita en Su Palabra.

—*Equipo editorial de B&H Español*

Antiguo Testamento

El Antiguo Testamento es la primera parte de la Biblia. Incluye 39 libros divididos en los siguientes géneros literarios: Pentateuco, libros históricos, libros poéticos, profetas menores y profetas mayores.

Pentateuco

El Pentateuco o la «Torá» (en hebreo) es el conjunto de los cinco primeros libros de la Biblia: Génesis, Éxodo, Levítico, Números y Deuteronomio. La palabra hebrea «Torá» significa enseñanza, instrucción o ley, de manera que en estos cinco libros se recopilan las enseñanzas de Dios al pueblo de Israel.

Génesis

Génesis significa «nacimiento» o «comienzos» y narra la creación, el inicio de la relación de Dios con el hombre y la promesa de Dios a Abraham y a sus descendientes.

Día 1

Leer Génesis 1; Juan 1:1-3

Salmos

El libro de los Salmos era el himnario de los hebreos. Cerca de 70 salmos se atribuyen al rey David, y el resto a otros autores. Este libro esta compuesto por 150 poemas que cubren toda la gama de emociones: desde la alegría hasta la ira, y desde la esperanza hasta la angustia profunda.

Día 2

Leer Salmo 104

Día 3

Leer Génesis 2-3; Salmo 8

Día 4

Leer Génesis 4-5

Día 5
Leer Génesis 6-7

Día 6
Leer Génesis 8-9; Salmo 12

Día 7
Leer Génesis 10-11

Día 8
Leer Génesis 12-14

Día 9
Leer Génesis 15-17

Día 10
Leer Génesis 18-20

Día 11
Leer Génesis 21-23

Día 12
Leer Génesis 24-26

Día 13
Leer Génesis 27-30

Día 14
Leer Génesis 31-34

Día 15
Leer Génesis 35-37

Día 16
Leer Génesis 38-40

Día 17
Leer Génesis 41-43

Día 18
Leer Génesis 44-47

Día 19

Leer Génesis 48-50

Libros poéticos

También conocidos como libros sapienciales o libros de sabiduría, incluyen a Job, Salmos, Proverbios, Eclesiastés y Cantar de los Cantares. Estos libros tratan con la ciencia del saber y procuran llegar a conclusiones sobre la vida humana y el mundo en general. No es literatura exclusiva de Israel, sino que fue cultivada en Oriente (principalmente Egipto y Mesopotamia), pero por la influencia del Espíritu de Dios alcanzaron una mayor profundidad, basada en la verdad absoluta de Dios. Hacen énfasis en un Dios viviente y verdadero que separa esta sabiduría de la del resto de las naciones.

Job

Este libro es considerado como una de las piezas literarias más antiguas que existen. Aborda la pregunta «¿por qué sufren los justos?»

Día 20
Leer Job 1-5

Día 21
Leer Job 6-9

Día 22
Leer Job 10-13

Día 23
Leer Job 14-17

Día 24
Leer Job 18-21

Día 25
Leer Job 22-24

Día 26
Leer Job 25-28

Día 27
Leer Job 29-32

Día 28
Leer Job 33-36

Día 29
Leer Job 37-40:5

Día 30
Leer Salmo 19

Día 31
Leer Job 40:6- 42:17

Día 32
Leer Salmo 29

Éxodo

Éxodo significa «salida». Este libro relata cómo Dios liberó a los israelitas de una vida de penurias y esclavitud en Egipto. Dios hizo un pacto con ellos y les dio leyes para ordenar y gobernar sus vidas. Los primeros 17 versículos del capítulo 20 de Éxodo contienen los Diez Mandamientos, que son la base del código moral de la civilización.

Día 33

Leer Éxodo 1-3

Día 34
Leer Éxodo 4-6

Día 35
Leer Éxodo 7-9

Día 36
Leer Éxodo 10-12

Día 37
Leer Éxodo 13-15

Día 38
Leer Éxodo 16-18

Día 39
Leer Éxodo 19-21

Día 40

Leer Éxodo 22-24

Día 41

Leer Éxodo 25-27

Día 42
Leer Éxodo 28-30

Día 43
Leer Éxodo 31-33

Día 44
Leer Éxodo 34-36

Día 45
Leer Éxodo 37-40

Levítico

El nombre del libro se deriva de una de las doce tribus de Israel. La tribu que descendía de Leví fue la tribu sacerdotal, a la que se le encargó llevar a cabo los ritos y ceremonias de los sacrificios y la enseñanza de la ley de Moisés. El libro detalla el ritual utilizado en los servicios del tabernáculo y describe los deberes de los sacerdotes.

Día 46

Leer Levítico 1-4

Día 47
Leer Levítico 5-7

Día 48
Leer Levítico 8-10

Día 49
Leer Levítico 11-14

Día 50
Leer Levítico 15-17

Día 51

Leer Levítico 18-22

Día 52

Leer Levítico 23-25

Día 53

Leer Levítico 26-27

Números

Los israelitas vagaron por el desierto cuarenta años antes de entrar a Canaán, la tierra prometida. El nombre del libro proviene de los dos censos realizados en ese tiempo en el desierto y en él se relata las experiencias de los años en que los israelitas vagaron por el desierto.

Día 54

Leer Números 1-2

Ejércitos por tribus

(Núm. 2:3-33)

Norte
Dan (62.700)
Aser (41.500)
Neftalí (53.400)

Oeste
Efraín (40.500)
Manasés (32.200)
Benjamín (35.400)

Levitas Gersonitas

Tabernáculo de reunión

Levitas Aarón y sus hijos

Este
Judá (74.600)
Isacar (54.400)
Zabulón (57.400)

Sur
Rubén (46.500)
Simeón (59.300)
Gad (45.650)

Día 55

Leer Números 3-5

Día 56

Leer Números 6-9

Día 57
Leer Números 10-13

Día 58
Leer Números 14-16

Día 59
Leer Salmo 90, 95

Día 60
Leer Números 17-20

Día 61

Leer Números 21-24

El Tabernáculo

O

- el Lugar Santísimo
- el Arca
- el Velo
- el Lugar Santo
- el Altar del Incienso
- el Candelero del Oro
- la Mesa de la Proposición
- la Fuente de Bronce para lavarse
- el Altar
- el Patio Exterior

S   **N**

E

El Tabernáculo
(Juan 1:14)

- El Lugar Santísimo (Hebreos 6:20)

- El Velo (Mateo 27:51)

- El Altar del Incienso (Apocalipsis 8:3-4)

- El Candelero del Oro (Hebreos 9:2-11)

- La Mesa de la Proposición (Juan 6:53-58)

- La Fuente de Bronce (Hebreos 9:2-11)

- El Altar (Hebreos 9:22-28)

Día 62
Leer Números 25-28

Día 63
Leer Números 29-32

Día 64

Leer Números 33-36

Deuteronomio

Deuteronomio significa «segunda ley». Muchas de las personas que habían estado presentes cuando la ley fue dada en el monte Sinaí habían muerto, por lo que fue necesario repetir la ley para beneficio de la nueva generación. Deuteronomio esta escrito en forma de ocho discursos de Moisés y el capítulo final registra su muerte.

Día 65

Leer Deuteronomio 1-3

Día 66
Leer Deuteronomio 4-7

Día 67
Leer Deuteronomio 8-11

Día 68
Leer Deuteronomio 12-15

Día 69
Leer Deuteronomio 16-19

Día 70
Leer Deuteronomio 20-23

Día 71
Leer Deuteronomio 24-27

Día 72
Leer Deuteronomio 28-29

Día 73
Leer Deuteronomio 30-32

Día 74
Leer Salmo 91

Día 75
Leer Deuteronomio 33-34

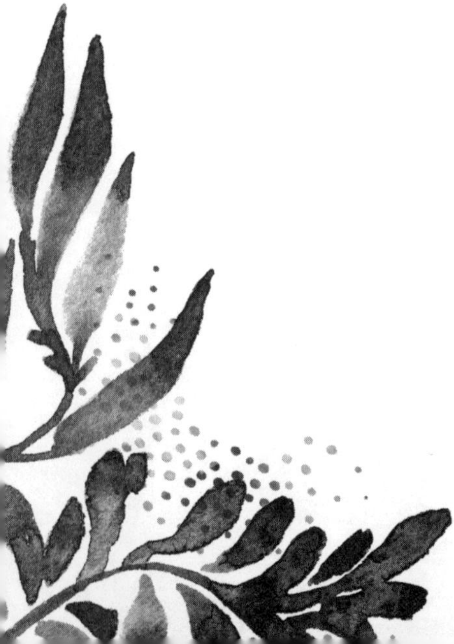

Libros Históricos

Los libros históricos del Antiguo Testamento abarcan la vida del pueblo hebreo desde el momento de su entrada a la tierra prometida en el tiempo de Josué hasta el regreso de la cautividad en Babilonia y la reconstrucción de Jerusalén. De forma general podemos decir que abarcan el período comprendido entre 1240 a.C. y 173 a.C.

Los libros históricos de la Biblia son doce: Josué, Jueces, Rut, 1 y 2 Samuel, 1 y 2 Reyes, 1 y 2 Crónicas, Esdras, Nehemías y Ester. Narran la historia desde la entrada a Canaán hasta el regreso de la deportación a Babilonia.

Josué

El libro de Josué lleva este nombre en honor a uno de los dos espías que más tarde llegó a ser el sucesor de Moisés. Josué fue el líder de los ejércitos israelitas en sus victorias contra los cananeos. El libro termina con la repartición de la tierra entre las doce tribus de Israel.

Día 76

Leer Josué 1-2; Salmo 68

Día 77
Leer Josué 3-6

Día 78
Leer Josué 7-9

Día 79

Leer Josué 10-12

Josué — entrar, tomar, distribuir y permanecer

En los capítulos 1-5, descubrimos que los israelitas deben confiar en Dios al entrar en la tierra prometida. Los israelitas empiezan (capítulo 1) con seguridad confiando en Dios en las llanuras de Moab, pero también deben depender de Dios al espiar la tierra (capítulo 2) y cuando cruzan el Jordán (al estilo de Éxodo en los capítulos 3 y 4).

Más adelante, en los capítulos 6-13, descubrimos que esta confianza debe manifestarse al tomar la tierra prometida. En el capítulo 6, los muros de Jericó caen célebremente al sonar las trompetas. Después, los israelitas marchan hacia el sur, conquistando nación tras nación. Luego, en el capítulo 11, el pueblo se mueve hacia el norte y derrota a todas las tribus cananeas. El capítulo 12 termina esta sección al revisar el terreno tomado.

Después, tras haber conquistado, es tiempo de distribuir la tierra prometida en los capítulos 13 al 21. La tierra para ser compartida por las 12 tribus se revisa en los capítulos 13 y 14. Y luego su distribución abarca los capítulos 15 al 21.

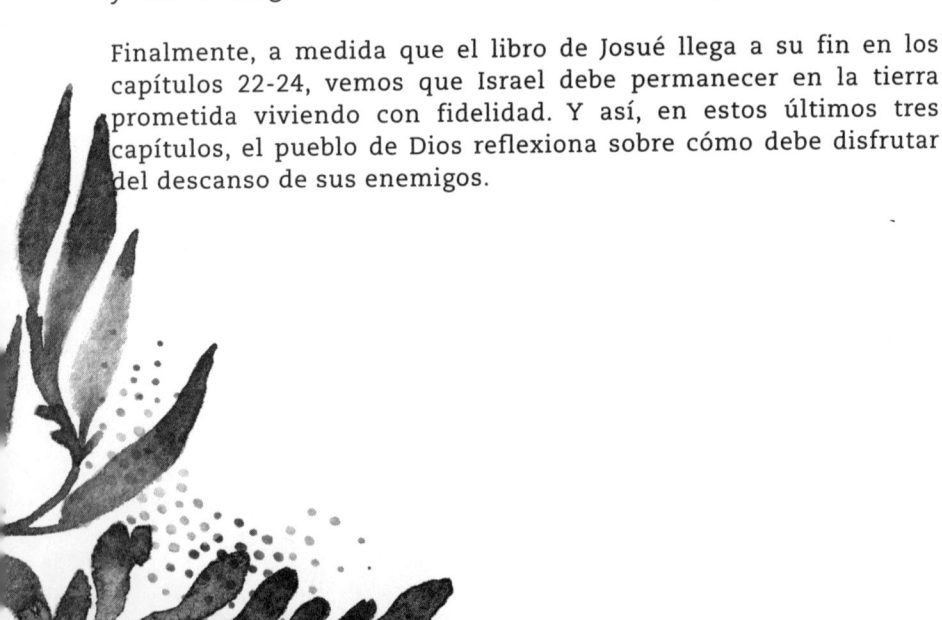

Finalmente, a medida que el libro de Josué llega a su fin en los capítulos 22-24, vemos que Israel debe permanecer en la tierra prometida viviendo con fidelidad. Y así, en estos últimos tres capítulos, el pueblo de Dios reflexiona sobre cómo debe disfrutar del descanso de sus enemigos.

Día 80
Leer Josué 13-15

Día 81
Leer Josué 16-18

Día 82
Leer Josué 19-22

Día 83
Leer Josué 23-24

Jueces

Jueces narra la historia de Israel desde la muerte de Josué hasta el tiempo de Samuel, uno de los momentos más oscuros en la historia del pueblo. Los israelitas a menudo desobedecían a Dios y caían en las manos de gobiernos opresores. Dios les enviaba jueces para librarlos de la opresión.

Día 84

Leer Jueces 1; Salmo 105

Día 85

Leer Jueces 2-5

Día 86

Leer Jueces 6-9

Día 87

Leer Jueces 10-13

Día 88
Leer Jueces 14-18

Día 89
Leer Jueces 19-21

Rut

El libro de Rut es una historia de amor que proporciona una excelente imagen de la vida y las costumbres de esa época. Rut fue la bisabuela de David, por lo que ella es parte del linaje terrenal de Cristo.

Día 90

Leer Rut 1-4

1 y 2 Samuel

Estos dos libros son uno solo en la Biblia hebrea. Relatan los últimos días de la teocracia (Dios gobierna directamente a través de los jueces) y los primeros momentos del reino. Israel rechazó a Jehová, su Dios, y pidió un rey como las otras naciones. El primer rey fue Saúl y cuando su liderazgo falló, Samuel ungió a David como rey.

Día 91
Leer 1 Samuel 1-3

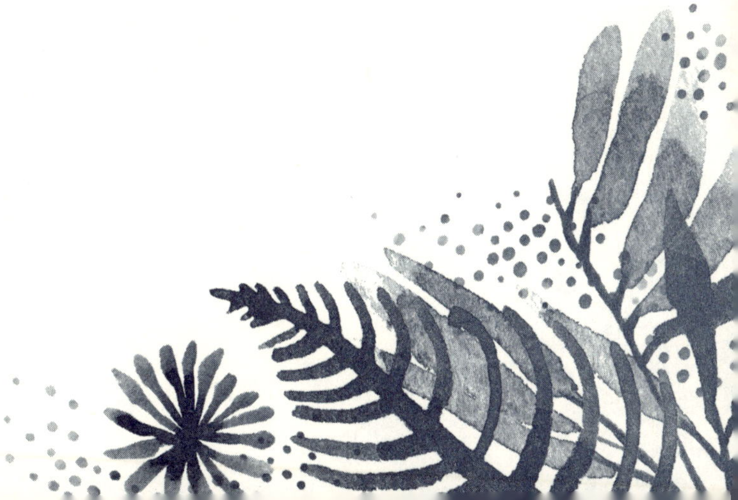

Día 92
Leer 1 Samuel 4-8

Día 93
Leer 1 Samuel 9-12

Día 94
Leer 1 Samuel 13-16

Día 95
Leer 1 Samuel 17-20; Salmo 59

Día 96
Leer 1 Samuel 21-24

Día 97
Leer Salmo 7; 27; 31; 34; 52

Día 98
Leer Salmo 56; 120; 140-142

Día 99
Leer 1 Samuel 25-27; Salmo 17

Día 100
Leer Salmo 18; 35; 54; 63

Día 101
Leer 1 Samuel 28-31; Salmo 121

Día 102
Leer Salmo 123-125; 128-130

Día 103
Leer 2 Samuel 1-4

Día 104

Leer Salmo 6; 9; 10; 14; 16; 21

1 y 2 Crónicas

Los dos libros de Crónicas repiten, en un sentido, los libros de Samuel y de Reyes, pero con un énfasis en la historia del reino del sur, Judá, y en la adoración del templo.

Día 105

Leer 1 Crónicas 1-2; Salmo 43-45

Día 106
Leer Salmo 49; 84; 85; 87

Día 107
Leer 1 Crónicas 3-5; Salmo 73

Día 108
Leer Salmo 77-78; 1 Crónicas 6

Día 109
Leer Salmo 81; 88; 92; 93

Día 110
Leer 1 Crónicas 7-10

Día 111
Leer Salmo 102; 103; 2 Samuel 5:1-10; 1 Crónicas 11-12

Día 112
Leer Salmo 133; 107; 2 Samuel 5:11-6:23; 1 Crónicas 13-16

Día 113
Leer Salmo 1; 2; 15; 23; 24; 47

Día 114

Leer Salmo 89; 96; 100; 101; 132

Día 115

Leer 2 Samuel 7; 1 Crónicas 17

Día 116
Leer Salmo 25

Día 117
Leer Salmo 33

Día 118

Leer Salmo 36; 39

Día 119

Leer 2 Samuel 8-9; 1 Crónicas 18

Día 120
Leer Salmo 53; 60; 75

Día 121
Leer 2 Samuel 10; 1 Crónicas 19; Salmo 20

Día 122

Leer Salmo 65; 66; 67; 69; 70

Día 123

Leer 2 Samuel 11-12; 1 Crónicas 20

Día 124
Leer Salmo 32; 51; 86; 122

Día 125
Leer 2 Samuel 13-15

Día 126

Leer Salmo 3; 4; 13; 28; 55

Día 127

Leer 2 Samuel 16-18

Día 128
Leer Salmo 26; 40; 58; 61; 62; 64

Día 129
Leer 2 Samuel 19-21

Día 130
Leer Salmo 5; 38; 42

Día 131
Leer 2 Samuel 22-23; Salmo 57

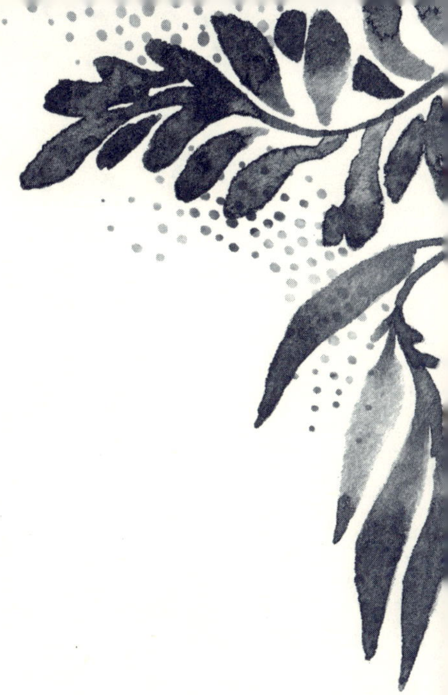

Día 132
Leer Salmo 97; 98; 99

Día 133
Leer 1 Crónicas 21-22; 2 Samuel 24; Salmo 30

Día 134
Leer Salmo 108; 109; 110

Día 135
Leer 1 Crónicas 23-25

Día 136

Leer Salmo 131; 138; 139

Día 137

Leer Salmo 143; 144; 145

Día 138
Leer 1 Crónicas 26-27

Día 139
Leer 1 Crónicas 28-29; Salmo 127

Día 140

Leer Salmo 111; 112; 113; 114

Día 141

Leer Salmo 115; 116; 117; 118

1 y 2 Reyes

Estos dos libros, también unidos en uno solo en la Biblia hebrea, continúan la historia del pueblo de Israel desde la coronación de Salomón, hasta la deportación del pueblo en el cautiverio. Se registra la muerte de David, el reinado de Salomón, y la revuelta de Jeroboam y sus diez tribus. Israel fue conquistada por Asiria en el 721 a.C. y Judá perdió la guerra contra Babilonia en el 586 a.C. Estos eventos son considerados como el castigo por no haber seguido las leyes de Dios.

Día 142

Leer 1 Reyes 1-2; Salmo 37; 71; 94

Día 143

Leer Salmo 119:1-88

Día 144

Leer 2 Crónicas 1; 1 Reyes 3-4

Día 145
Leer Salmo 72

Día 146
Leer Salmo 119:89-176

Cantar de los cantares

Este libro relata la historia de un amor puro y profundo entre un hombre y una mujer, que simboliza el amor de Dios por Israel y al amor de Cristo por la Iglesia.

Día 147

Leer Cantares 1:1-5:1

Día 148

Leer Cantares 5:2-8:14

Proverbios

Un proverbio es una oración que comunica una verdad moral en una forma concisa. La enseñanza por medio de proverbios se originó en el oriente y es una de las formas mas antiguas de instrucción. El mensaje principal de este libro es que «el principio de la sabiduría es el temor de Jehová».

Día 149
Leer Proverbios 1-2

Día 150
Leer Proverbios 3-4

Día 151
Leer Proverbios 5-6

Día 152
Leer Proverbios 7-9

Día 153
Leer Proverbios 10-11

Día 154
Leer Proverbios 12-13

Día 155
Leer Proverbios 14-15

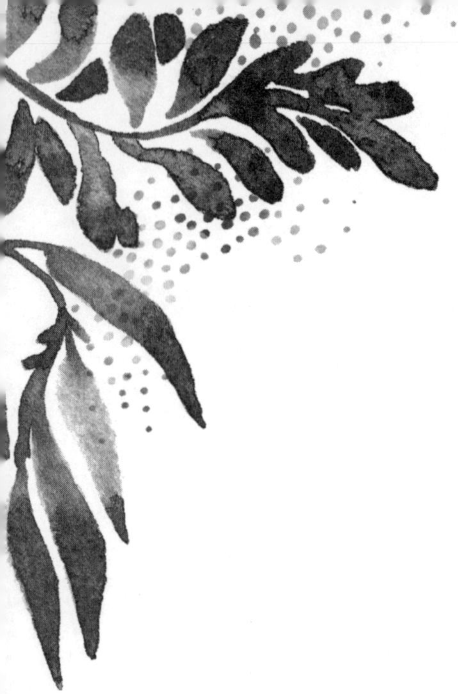

Día 156
Leer Proverbios 16-17

Día 157
Leer Proverbios 18-19

Día 158
Leer Proverbios 20-21

Día 159
Leer Proverbios 22-24

Día 160
Leer 2 Crónicas 2-3; 1 Reyes 5-6

Día 161
Leer 2 Crónicas 4-5; 1 Reyes 7-8; Salmo 11

Día 162

Leer 2 Crónicas 6-7; Salmo 134; 136

Día 163

Leer Salmo 146; 147

Día 164
Leer Salmo 148; 149; 150

Día 165
Leer 2 Crónicas 8; 1 Reyes 9; Proverbios 25; 26

Día 166

Leer Proverbios 27-29

Eclesiastés

Eclesiastés significa «orador» o «predicador». En su búsqueda de la felicidad y del sentido de la vida, el escritor o predicador, hace preguntas que aún están vigentes en nuestra sociedad. De acuerdo a la tradición judía, Salomón es el autor.

Día 167

Leer Eclesiastés 1-3

Día 168
Leer Eclesiastés 4-6

Día 169
Leer Eclesiastés 7-9

Día 170
Leer Eclesiastés 10-12

Día 171
Leer 2 Crónicas 9; 1 Reyes 10-11

Día 172
Leer Proverbios 30; 31

Día 173
Leer 1 Reyes 12-14

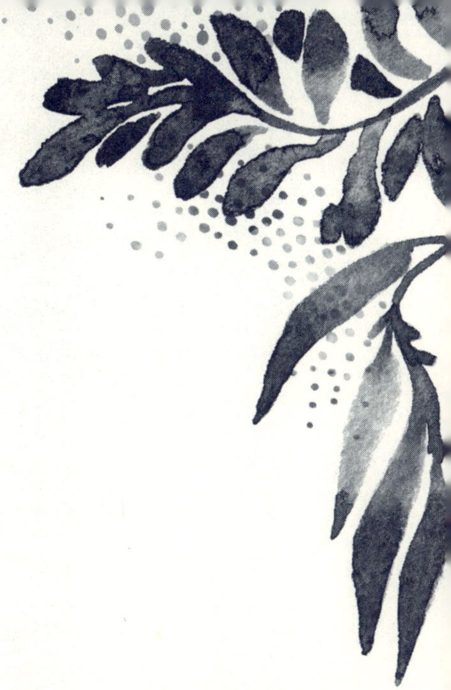

Día 174
Leer 2 Crónicas 10-12

Día 175
Leer 2 Crónicas 13-16; 1 Reyes 15:1-24

Día 176
Leer 1 Reyes 15:25-16:34; 2 Crónicas 17

Día 177
Leer 1 Reyes 17-19

Día 178
Leer 1 Reyes 20-21

Día 179
Leer 2 Crónicas 18; 1 Reyes 22

Día 180
Leer 2 Crónicas 19-23

Día 181
Leer 2 Reyes 1-2

Día 182

Leer 2 Reyes 3-4

Día 183

Leer 2 Reyes 5-6

Día 184
Leer 2 Reyes 7-8

Día 185
Leer 2 Reyes 9-11

Día 186
Leer 2 Reyes 12-13; 2 Crónicas 24

Día 187
Leer 2 Reyes 14; 2 Crónicas 25

Profetas menores

También conocidos como los doce profetas, comprenden los libros de Oseas, Joel, Amós, Abdías, Jonás, Miqueas, Nahum, Habacuc, Sofonías, Hageo, Zacarías y Malaquías. Estos forman el último libro de la segunda división principal de la Biblia judía.

El término «menor» se refiere a la longitud de cada libro (que va desde un solo capítulo a catorce), e incluso el más largo es corto en comparación con los cuatro profetas mayores (Isaías, Jeremías, Lamentaciones, Ezequiel y Daniel). No se sabe cuando fueron recopiladas estas obras cortas y trasladadas a un solo rollo, pero la primera evidencia extra-bíblica que tenemos de estos textos como colección fue aproximadamente hacia 190 a.C. en los escritos de Jesús Ben Sirac.

Jonás

La referencia de Jesús a Jonás (ver Mateo 12:38-41) indica que Jonás es una narración histórica y no simbólica. Se nos narra la historia del profeta que no quería predicar a la gente de Nínive, debido a que eran enemigos de su propio país. Cuando finalmente les llevó el mensaje enviado por Dios, ellos se arrepintieron.

Día 188

Leer Jonás 1-4

Día 189

Leer 2 Reyes 15; 2 Crónicas 26

Amós

Durante un tiempo de prosperidad, este profeta de Judea predicó a los prósperos líderes de Israel sobre el juicio de Dios. Amós enseño que la futura grandeza de Israel no se aseguraría por medio del poder y la riqueza, sino mediante la justicia y el juicio.

Día 190

Leer Amós 1-5

Día 191

Leer Amós 6-9

Oseas

El mensaje del profeta Oseas utiliza la lección de su dedicación a su esposa, aún conociendo su infidelidad, para ilustrar el adulterio que Israel había cometido contra Dios y como el amor fiel de Dios por su pueblo nunca cambia. El libro contiene amonestaciones contra el pecado y la idolatría de Israel.

Día 192

Leer Oseas 1-7

Día 193

Leer Oseas 8-14

Profetas mayores

Como hemos mencionado, son llamados así, no porque tengan más autoridad que los profetas menores, sino simplemente debido a la mayor extensión del libro. Incluyen a Isaías, Jeremías, Lamentaciones, Ezequiel y Daniel.

A través de estos libros, Dios reveló cosas extraordinarias como la destrucción de Jerusalén, el nacimiento y sacrificio necesario de Jesús, y los tiempos apocalípticos que aun están por suceder.

Isaías

Este libro fue escrito en una época de agitación. El pueblo se había alejado de Dios y se había corrompido. El profeta Isaías predijo la cautividad babilónica, tanto para Israel como para Judá. Pero también profetizo el regreso de los exilados y la venida del Mesías. En los capítulos 9, 11, y 53 se encuentran las dramáticas descripciones de Cristo y de Su reino, escritos mas de 500 años antes del tiempo de Cristo. Este libro está citado en el Nuevo Testamento en más ocasiones que cualquier otro.

Día 194
Leer Isaías 1-4

Día 195
Leer Isaías 5-8

Día 196
Leer Isaías 9-12

Día 197
Leer 2 Crónicas 27

Miqueas

El mensaje de Miqueas fue un mensaje de juicio a la vez que de perdón, esperanza y restauración. Contemporáneo de Isaías, también predicó contra los pecados de su tiempo y especialmente contra la opresión de los ricos hacia los pobres. Miqueas profetizó tanto la destrucción de Israel como la de Judá poco tiempo antes de que el juicio cayera sobre Israel.

Día 198

Leer Miqueas 1-4

Día 199
Leer Miqueas 5-7

Día 200
Leer 2 Reyes 16-17; 2 Crónicas 28

Día 201
Leer Isaías 13-16

Día 202
Leer Isaías 17-19

Día 203
Leer Isaías 20-23

Día 204
Leer Isaías 24-26

Día 205
Leer 2 Reyes 18:1-8; 2 Crónicas 29-31; Salmo 48

Día 206
Leer Isaías 27-28

Día 207
Leer Isaías 29-30

Día 208
Leer Isaías 31-33

Día 209
Leer Isaías 34-36

Día 210
Leer Isaías 37-39; Salmo 76

Día 211
Leer Isaías 40-42

Día 212
Leer Isaías 43-45

Día 213

Leer Isaías 46-48

Día 214

Leer 2 Reyes 18:9-19:37; Salmo 46; 80; 135

Día 215

Leer Isaías 49-52

Jesús como el siervo sufriente y el conquistador.

Los escritores del Nuevo Testamento sabían que Jesús era el siervo sufriente. Para explicar el ministerio de Jesús, Mateo escribe: «para que se cumpliese lo dicho por el profeta Isaías, cuando dijo: He aquí mi siervo, a quien he escogido; Mi Amado, en quien se agrada mi alma» (Mateo 12: 17-18).

Asombrosamente, unos pocos capítulos después de Isaías 53, aprendemos que el Espíritu de Dios reposará no solo en uno que es este siervo sufriente, sino en uno que es un conquistador. ¿Podría ser este el mismo individuo? Hay cuatro cánticos del conquistador:

- Primer cántico del conquistador: Isaías 59:15-21: «y lo vio Jehová, y desagradó a sus ojos, porque pereció el derecho. Y vio que no había hombre, y se maravilló que no hubiera quien se interpusiese; y lo salvó su brazo, y le afirmó su misma justicia. Pues de justicia se vistió como de una coraza, con yelmo de salvación en su cabeza; tomó ropas de venganza por vestidura, y se cubrió de celo como de manto...».

- Segundo cántico del conquistador: 61:1-4. «El Espíritu de Jehová el Señor está sobre mí, porque me ungió Jehová»(v. 1).

- Tercer cántico del conquistador: 61:10 – 62:7. El conquistador viene como un novio para llevarse a su novia, para rescatarla.

- Cuarto cántico del conquistador: 63:1-6. Hay una horrible imagen de juicio. Cuando venga el Conquistador, vendrá a juzgar.

Y el Nuevo Testamento también muestra que Jesús es el conquistador: Así, en el primer cántico del conquistador, leemos que este prometido pagará a cada uno «según sus obras» (59:18) (NVI). Y entonces, ¿quién es el que dice en Apocalipsis 22:12: «He aquí yo vengo pronto, y mi galardón conmigo, para recompensar a cada uno según sea su obra». ¡Es Jesús!

Día 216
Leer Isaías 53-56

Día 217
Leer Isaías 57-60

Día 218
Leer Isaías 61-63

Día 219
Leer Isaías 64-66

Día 220

Leer 2 Reyes 20-21; 2 Crónicas 32-33

Nahum

Este profeta anunció la destrucción de Nínive debido a su crueldad en la guerra. Se conoce muy poco de Nahum, quien vivió alrededor del 505 a.C.

Día 221

Leer Nahum 1-3

Día 222

Leer 2 Reyes 22-23; 2 Crónicas 34-35

Sofonías

Sofonías vivió en el tiempo de Jeremías, Habacuc y Nahum. Así como estos profetas, él hablo en contra de los pecados del pueblo y profetizo el juicio sobre Judá y las naciones vecinas, así como también anunció las bendiciones sobre la Jerusalén restaurada.

Día 223

Leer Sofonías 1-3

Jeremías

Mucho antes de que Babilonia destruyera a Judá, Jeremías predijo el justo juicio de Dios. Aunque su mensaje fue mayormente de destrucción, también habló del nuevo pacto con Dios.

Día 224

Leer Jeremías 1-3

Día 225
Leer Jeremías 4-5

Día 226
Leer Jeremías 6-8

Día 227
Leer Jeremías 9-11

Día 228
Leer Jeremías 12-14

Día 229
Leer Jeremías 15-17

Día 230
Leer Jeremías 18-20

Día 231
Leer Jeremías 21-23

Día 232
Leer Jeremías 24-26

Día 233
Leer Jeremías 27-29

Día 234
Leer Jeremías 30-31

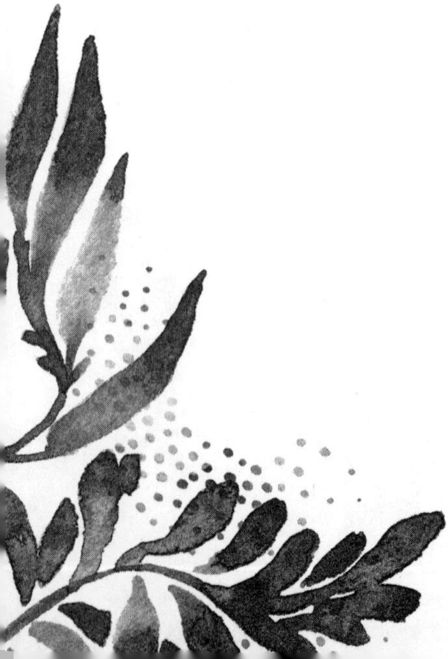

Día 235
Leer Jeremías 32-34

Día 236
Leer Jeremías 35-37

Día 237
Leer Jeremías 38-40

Día 238
Leer Salmo 74; 79

Día 239

Leer 2 Reyes 24-25; 2 Crónicas 36

Habacuc

Habacuc profetizó en Judá durante el reinado de Joaquín. Este libro presenta un diálogo entre Dios y Habacuc sobre la justicia y el sufrimiento. También narra la maldad de Israel y su inminente derrota a manos de los caldeos. El libro concluye con una oración de fe.

Día 240
Leer Habacuc 1-3

Día 241

Leer Jeremías 41-45

Abdías

Abdías fue el mensajero de Dios que anunció la caída de los edomitas, quienes eran los descendientes de Esaú, que se habían gozado de la caída de Judá. También profetizó sobre un futuro cuando los judíos volverían a gobernar las tierras que estuvieron bajo el control de David.

Día 242

Leer Abdías 1; Salmo 82; 83

Joel

Después de una gran plaga de langostas, Joel amonesta al pueblo a arrepentirse. El libro contiene una profecía que se encuentra con frecuencia en los escritos de los profetas: que los judíos establecerían una gran nación en Palestina.

Día 243

Leer Joel 1-3

Día 244
Leer Jeremías 46-47

Día 245
Leer Jeremías 48-49

Día 246
Leer Jeremías 50

Día 247
Leer Jeremías 51-52

Lamentaciones

En este libro, Jeremías, en medio de la ruinas de Jerusalén y del templo, lamenta la destrucción que él mismo había predicho. En el idioma hebreo, Jeremías esta escrito en una serie de poemas que describen la ruina de la ciudad y la causa de la desolación. El libro ha sido llamado un cántico fúnebre sobre Jerusalén.

Día 248
Leer Lamenciones 1:1-3:36

Día 249

Leer Lamenciones 3:37-5:22

Ezequiel

El mensaje de Ezequiel fue dado a los judíos cautivos en babilonia. Utilizó historias y parábolas para hablar del juicio, la esperanza y la restauración de Israel.

Día 250

Leer Ezequiel 1-3

Día 251
Leer Ezequiel 4-6

Día 252
Leer Ezequiel 7-9

Día 253
Leer Ezequiel 10-12

Día 254
Leer Ezequiel 13-15

Día 255
Leer Ezequiel 16-18

Día 256
Leer Ezequiel 19-21

Día 257

Leer Ezequiel 22-23

Día 258

Leer Ezequiel 24-26

Día 259
Leer Ezequiel 27-29

Día 260
Leer Ezequiel 30-32

Día 261
Leer Ezequiel 33-35

Día 262
Leer Ezequiel 36-38

Día 263
Leer Ezequiel 39-41

Día 264
Leer Ezequiel 42-44

Día 265

Leer Ezequiel 45-48

Daniel

Daniel se mantuvo fiel ante las muchas presiones como cautivo en Babilonia. Su profecía constituye uno de los libros más interesantes de la Biblia. Las cuatro bestias de Daniel 7:3 son consideradas las cuatro grandes potencias mundiales: los babilonios, los medopersas, los greco-macedonios y los romanos. La segunda visión (Daniel 8) es considerada como una referencia al gobierno de los griegos bajo Alejandro el Grande. El reino mencionado en el capítulo 9 representa el gobierno mesiánico. La visión de los capítulos 10-12 es considerada una referencia al fin de los siglos.

Día 266

Leer Daniel 1-3

Día 267

Leer Daniel 4-6

Día 268

Leer Daniel 7-9

Día 269

Leer Daniel 10-12

Esdras

Esdras era uno de los líderes de los exiliados que regresaron a Jerusalén para reedificar el templo. Este libro relata este regreso y la reedificación del lugar de adoración llevada a cabo en un ambiente de hostilidad y paganismo, que también fue demorada por la frialdad espiritual del pueblo.

Día 270
Leer Esdras 1-3

El retorno del exilio

ETAPA	FECHA	REFERENCIA BÍBLICA	LÍDER JUDÍO	GOBERNANTE PERSA	CONDICIONES DEL RETORNO	SUCESOS RELACIONADOS
Primera	538 a.C.	Esdras 1–6	Zorobabel Jesúa	Ciro	1) Pueden volver todos los que quieran. 2) Hay que reconstruir el templo de Jerusalén. 3) El tesoro real provee fondos para la reconstrucción del templo. 4) Retorno al templo de los utensilios de culto de oro y plata saqueados por Nabucodonosor.	1) Se ofrecen holocaustos. 2) Se celebra la Fiesta de los tabernáculos. 3) Comienza la reconstrucción del templo. 4) El gobernador persa ordena el cese de la reconstrucción. 5) Darío, rey de Persia, ordena que se retome la reconstrucción, 520 a.C. 6) Templo finalizado y dedicado, 516 a.C.
Segunda	458 a.C.	Esdras 7–10	Esdras	Artajerjes Longimano	1) Pueden volver todos los que quieran. 2) El tesoro real provee fondos. 3) Se permite el retorno de jueces y magistrados civiles.	Los hombres de Israel se casan con mujeres extranjeras.
Tercera	444 a.C.	Nehemías 1–13	Nehemías	Artajerjes Longimano	Se permite la reconstrucción de Jerusalén.	1) Sanbalat, el horonita, Tobías, el amonita, y Gesem, el árabe, se oponen a la reconstrucción del muro de Jerusalén. 2) La reconstrucción del muro se completa en 52 días. 3) Dedicación del muro. 4) Esdras lee el libro de la ley al pueblo. 5) Inicio de las reformas de Nehemías.

Día 271

Leer Esdras 4-6; Salmo 137

Hageo

Después que el pueblo volvió del exilio, Hageo les recordó darle a Dios la prioridad y reconstruir el templo antes que sus propias casas.

Día 272

Leer Hageo 1-2

Zacarías

Al igual que Hageo, Zacarías insta al pueblo a reconstruir el templo, asegurándoles la ayuda y bendiciones de Dios. Sus visiones señalan un futuro brillante.

Día 273
Leer Zacarías 1-7

Día 274

Leer Zacarías 8-14

Ester

Este libro relata una de las liberaciones que los judíos han experimentado en su historia. Los descendientes modernos de los judíos leen este libro durante la fiesta de Purim en memoria de esta liberación. Ester es un joya literaria que nos ofrece un buen ejemplo de la providencia de Dios, quien predice lo que va a ocurrir y cuida de Sus hijos.

Día 275

Leer Ester 1-5

Día 276
Leer Ester 6-10

Día 277
Leer Esdras 7-10

Nehemías

Nehemías es el último de los libros históricos del Antiguo Testamento. Después que el templo fue reconstruido, la muralla protectora alrededor de Jerusalén también fue reconstruida. Nehemías fue quien dirigió esta tarea. Fue un hombre de acción, pero también un líder de mucha firmeza. Bajo Nehemías se llevaron a cabo importantes reformas religiosas y sociales.

Día 278
Leer Nehemías 1-5

Día 279
Leer Nehemías 6-7

Día 280
Leer Nehemías 8-10

Día 281

Leer Nehemías 11-13; Salmo 126

Malaquías

Malaquías fue el ultimo de los profetas del Antiguo Testamento. Vivió la época posterior a la reedificación del templo y a la restauración de la adoración, pero el pueblo descuidó de nuevo su vida religiosa. Malaquías trató de inspirarlos hablándoles del «día del Señor».

Día 282

Leer Malaquías 1-4; Salmo 50

La genealogía de Jesús

Si presta atención a las historias de algunas de las personas en la genealogía de Jesús, descubrirá que ellas estaban tan perdidas y quebrantadas como nosotros. Escriba en el espacio asignado algo sobre la vida de aquellas personas que hayan llamado su atención:

Abraham (Génesis 15 – 25)

Isaac (Génesis 17 – 35)

Jacob (Génesis 25 – 49)

Judá (Génesis 29 – 49)

Tamar (Génesis 38)

Rahab (Josué 2 – 6)

Booz & Rut (Rut)

David y Betsabé, esposa de Urías
(1 Samuel 16 – 2 Samuel: Betsabé – 2 Samuel 11 – 12)

Salomón (2 Samuel 12 – 1 Reyes 4)

Ezequías (2 Reyes 16-20)

Manasés (2 Reyes 20-24)

Zorobabel (Esdras)

Nuevo Testamento

El Nuevo Testamento es la segunda parte de la Biblia. Incluye 27 libros y cartas divididos en los siguientes géneros literarios: Evangelios, historia, epístolas paulinas, epístolas generales y profecía.

Aquí se nos narra la vida y el ministerio del Señor Jesucristo, así como diferentes hechos sucedidos en las primeras décadas del cristianismo.

Evangelios

Los primeros cuatro libros del Nuevo Testamento (Mateo, Marcos, Lucas y Juan) se denominan los Evangelios («buenas noticias») y narran la vida y las palabras de Jesús, es decir la buena nueva del cumplimiento de la promesa hecha por Dios a Abraham, Isaac y Jacob de que redimiría a Su descendencia del pecado por medio de la muerte de Su Hijo Jesucristo.

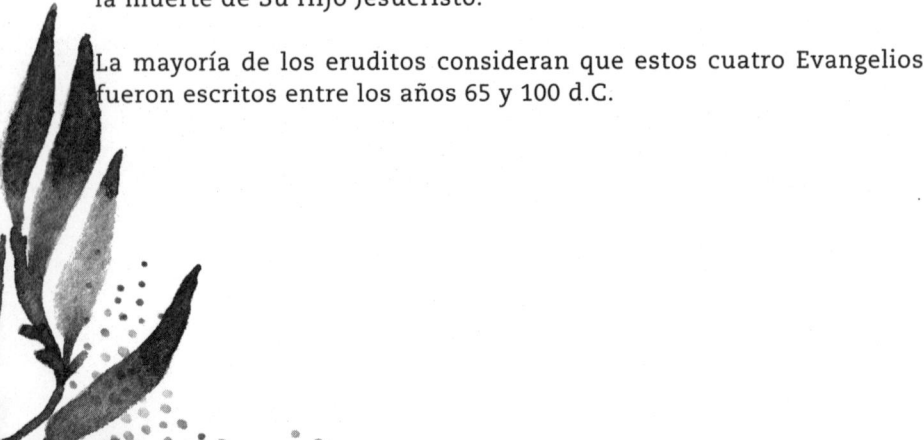

La mayoría de los eruditos consideran que estos cuatro Evangelios fueron escritos entre los años 65 y 100 d.C.

Mateo

Este Evangelio cita muchos pasajes del Antiguo Testamento, por lo que está dirigido a los judíos, a quienes presenta a Jesús como el Mesías prometido en sus escrituras. Mateo narra la historia de Jesús desde su nacimiento hasta la resurrección y pone énfasis especial en las enseñanzas del Maestro.

Marcos

Así como el Evangelio de Mateo fue escrito para los judíos, el de Marcos fue escrito para los romanos. Marcos escribió un Evangelio corto, conciso y lleno de acción, presentando a Cristo con todo Su poder y autoridad, enfatizando Sus obras.

Lucas

El Evangelio de Lucas fue escrito para los griegos; por lo que presenta a Jesús como el hombre perfecto, aquel que sobrepasa los elevados ideales de los griegos. En este Evangelio se enfatiza cuán al alcance de todos está la salvación en Jesús. El evangelista lo hace describiendo a Jesús en contacto con la gente pobre, con los necesitados y con los que viven al margen de la sociedad.

Juan

Los primeros tres Evangelios han sido llamados «sinópticos» (del griego, «ver juntos») debido a que presentan en general el mismo punto de vista de la vida y enseñanzas de Cristo. El Evangelio de Juan, por su forma, se coloca aparte de los otros tres. El apóstol Juan organiza su mensaje enfocándolo en siete señales que apuntan a Jesús como Hijo de Dios. Su estilo de escribir es reflexivo y lleno de imágenes y figuras.

Día 283
Leer Juan 1:4-14; Salmo 106; Lucas 1

Día 284
Leer Mateo 1; Lucas 2:1-38

Día 285

Leer Mateo 2; Lucas 2:39-52

Día 286

Leer Marcos 1; Lucas 3; Mateo 3

Nombres y atributos de Jesús

Abogado- Jn. 2:1

Adán- 1 Cor. 15:45

Alfa- y Omega Apoc. 1:8; 22:13

Amén- Apoc. 3:14

Cabeza de la iglesia- Ef. 5:23; Col. 1:18

Cordero de Dios- Juan 1:29,36

Cristo- Mat. 1:16; 2:4; 16:20; Mar. 8:29; 14:61

Dios con nosotros- Mat. 1:23

Dios- Juan 1:1; Rom. 9:5; 2 Ped. 1:1; 1 Jn. 5:20

Esposo- Mat. 9:15; 25:1,10

Estrella resplandeciente de la mañana- Apoc. 22:16

Gloria de Israel- Luc. 2:32

Gloria de Jehová- Isa. 40:5

Gran pastor de las ovejas- Heb. 13:20

Hijo- Isa. 9:6

Hijo amado- Mat. 3:17; Mar. 1:11; 2 Ped. 1:17

Imagen del Dios invisible- Col. 1:15

Jehová de los ejércitos- Sal. 24:10

Juez de vivos y muertos- Hech. 10:42

León de la tribu de Judá- Apoc. 5:5

Linaje de David- Apoc. 22:16

Luz- Juan 12:46

Maestro bueno- Mar. 10:17

Maestro- Mat. 26:25,49; Mar. 9:5; 10:51; 11:21

Mesías- Juan 1:41; 4:25

Padre eterno- Isa. 9:6

Pan de vida- Juan 6:48

Piedra o cabeza del ángulo- Mat. 21:42; Ef. 2:20; 1 Ped. 2:6-7

Poder y sabiduría de Dios- 1 Cor. 1:24

Primogénito de toda creación- Col. 1:15

Príncipe de los pastores- 1 Ped. 5:4

Príncipe de Paz- Isa. 9:6

Príncipe; jefe- Jos. 5:14; Isa. 55:4

Profeta- Luc. 24:19; Hech. 3:22-23

Propiciación- 1 Jn. 2:2; 4:10

Rey- Mat. 21:5

Salvador- Isa. 19:20; Luc. 2:11; Hech. 5:31; 13:23; Fil. 3:20

Santo, inocente, sin mancha- Heb. 7:26

Señor de señores- Apoc. 17:14; 19:16

Sumo sacerdote- Heb. 3:1; 6:20; 7:26

Testigo fiel y verdadero- Apoc. 1:5; 3:14

Todopoderoso- Apoc. 1:8

Ungido del Señor- Luc. 2:26

Vida- Juan 14:6; Col. 3:4

Yo soy- Juan 8:58

Día 287

Leer Juan 1:15-51; Mateo 4; Lucas 4-5

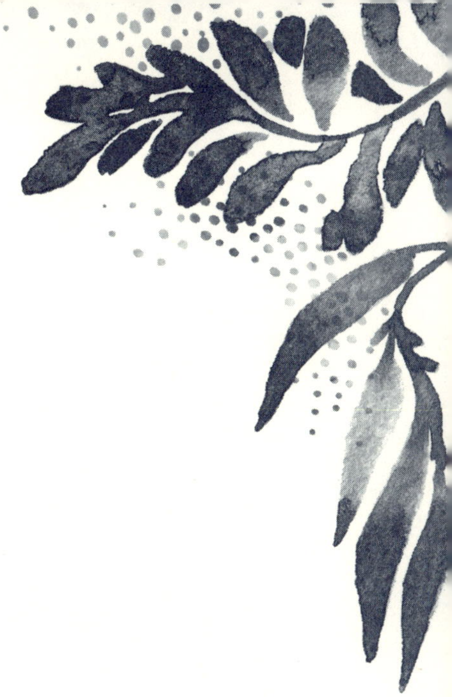

Día 288
Leer Juan 2-4

Día 289
Leer Marcos 2; Juan 5

Día 290

Leer Marcos 3; Lucas 6; Mateo 12:1-21

Día 291

Leer Mateo 5-7

Día 292

Leer Lucas 7; Mateo 8:1-13; Mateo 11

Día 293

Leer Lucas 11; Mateo 12:22-50; Lucas 8; Mateo 13

Día 294
Leer Marcos 4-5; Mateo 8:14-34

Día 295
Leer Mateo 9-10

Día 296

Leer Marcos 6; Lucas 9:18-27; Mateo 16

Día 297

Leer Juan 6; Marcos 7; Mateo 15

Día 298
Leer Marcos 8; Lucas 9:18-27; Mateo 16

Día 299
Leer Marcos 9; Lucas 9:28-62; Mateo 17-18

Día 300
Leer Juan 7:1-10:21

Día 301
Leer Juan 10:22-42; Lucas 10-11

Dia 302
Leer Luke 12-15

Dia 303
Leer Lucas 16:1-17:10; Juan 11

Día 304

Leer Lucas 17:11-18:14; Marcos 10; Mateo 19

Día 305

Leer Mateo 20-21; Lucas 18:15-19:48

Día 306
Leer Marcos 11; Juan 12; Marcos 12; Mateo 22

Día 307
Leer Lucas 20-21; Mateo 23

Día 308

Leer Marcos 13; Mateo 24-25

Día 309

Leer Marcos 14; Mateo 26

Día 310

Leer Juan 13; Lucas 22

Oraciones Extraordinarias

Escriba una oración completa o los aspectos de ella que llegan a su corazón.

Ana:
1 S. 2:1-10

David:
2 S. 7:18-29
1 Cr. 17:16-27
Sal. 3, 51:1

Salomón:
1 R. 3:4-15
1 R. 8:22-55

Nehemías:
Neh. 1:4-11

Daniel:
Dn. 9:1-19

Jonás:
Jon. 2:2-9

El Padre Nuestro:
Mt. 6:9-13

Jesús:
Jn. 17

Día 311
Leer Juan 14-17

Día 312
Leer Marcos 15; Mateo 27; Salmo 41

Día 313
Leer Juan 18-19; Lucas 23; Salmo 22

Día 314
Leer Marcos 16; Mateo 28

Historia

En esta categoría solo se incluye el libro de los Hechos de los Apóstoles, el quinto libro del Nuevo Testamento, en donde se narra la historia del período apostólico. Este libro es de un interés y valor histórico únicos: no hay ningún otro libro como este dentro del Nuevo Testamento, ya que solo aquí encontramos la historia de la iglesia primitiva.

Hechos

En el libro de los Hechos, Lucas continúa el relato de su Evangelio, comenzado con los eventos que siguieron a la crucifixión de Cristo. Su relato cubre un período aproximado de 30 años, comenzando en el año 30 d.C. Incluye un relato de la organización y los comienzos de la historia de la iglesia cristiana.

Día 315
Leer Juan 20-21; Lucas 24

Día 316

Leer Hechos 1-5; Salmo 110

Día 317

Leer Hechos 6-10

Día 318

Leer Hechos 11-14

Epístolas generales

Se denominan «generales» porque, en su mayor parte, el público al que estaban dirigidas parece ser los cristianos en general, más que personas individuales o congregaciones específicas como en el caso de las epístolas paulinas. También son conocidas como epístolas universales. A este sección pertenecen 1 y 2 Pedro, 1-3 Juan y Judas.

Santiago

Santiago aconseja a los creyentes a poner en práctica sus creencias y ofrece ideas prácticas de cómo vivir la fe.

Día 319
Leer Santiago 1-5

Día 320

Leer Hechos 15-16

Epístolas paulinas

Las epístolas de Pablo pueden dividirse en dos categorías: nueve epístolas escritas a las iglesias (Romanos a 2 Tesalonicenses) y cuatro epístolas pastorales y personales (1 y 2 Timoteo, Tito y Filemón). Hebreos, aunque de autor desconocido, generalmente se coloca en esta sección por el estilo paulino. Naturalmente, muchas preguntas surgirían sobre significado y aplicación del evangelio para los cristianos. Así, las Epístolas contestan estas preguntas, dan la interpretación de la persona y obra de Cristo, y aplican la verdad del evangelio a los creyentes.

Gálatas

Esta carta expone la libertad con respecto de la ley del creyente en Cristo. Pablo hace énfasis en que es solo por fe que todos los creyentes son reconciliados con Dios.

Día 321
Leer Gálatas 1-3

Día 322
Leer Gálatas 4-6

Día 323
Leer Hechos 17:1-18:18

1 Tesalonicenses

En esta carta, Pablo muestra satisfacción con la vitalidad de la iglesia de Tesalónica, que estaba formada por convertidos de diferentes orígenes. Pero él pensaba que era necesario corregir ciertos puntos, particularmente con respecto a la segunda venida de Cristo.

Día 324

Leer 1 Tesalonicenses 1-5

2 Tesalonicenses

En esta carta, como en la primera, Pablo habla del retorno de Jesús al mundo y trata de preparar a los creyentes para la venida del Señor.

Día 325

Leer 2 Tesalonicenses 1-3

Día 326

Leer Hechos 18:19-19:41

1 Corintios

Esta primera carta de Pablo a los Corintios trata específicamente los problemas que la iglesia estaba enfrentando: disensión, inmoralidad, problemas de forma en la adoración pública y confusión sobre los dones del Espíritu.

Día 327

Leer 1 Corintios 1-4

Día 328
Leer 1 Corintios 5-8

Día 329
Leer 1 Corintios 9-11

Día 330
Leer 1 Corintios 12-14

Día 331
Leer 1 Corintios 15-16

2 Corintios

Pablo se enteró que los judaizantes habían llegado a la iglesia de Corinto, predicando un evangelio falso y rechazando su autoridad. El escribió su segunda carta, no solo para expresar su satisfacción por el arrepentimiento que ellos mostraron tras la primera epístola, sino también para amonestarles contra los falsos maestros y a la vez defender su apostolado.

Día 332
Leer 2 Corintios 1-4

Día 333
Leer 2 Corintios 5-9

Día 334
Leer 2 Corintios 10-13

Romanos

En esta importante carta, el apóstol Pablo le escribe a los romanos sobre la vida en el Espíritu, que es dada, mediante la fe, a los creyentes en Cristo. El apóstol les reitera la gran bondad de Dios y les declara que a través de Jesucristo, Dios nos acepta y perdona nuestros pecados.

Día 335

Leer Romanos 1-2

Día 336
Leer Romanos 3-4; Hechos 20:1-3

Día 337
Leer Romanos 5-7

Día 338
Leer Romanos 8-10

Día 339
Leer Romanos 11-13

Día 340
Leer Romans 14-16

Día 341
Leer Hechos 20:4-23:35

Día 342
Leer Hechos 24-26

Día 343
Leer Hechos 27-28

Filemón

Esta es la más breve de las epístolas de Pablo. En ella, Filemón es instado a perdonar a su esclavo, Onésimo, quien había tratado de escapar; también a aceptarlo como un amigo en Cristo.

Día 344

Leer Filemón

Colosenses

Pablo le escribe a los colosenses desde su encarcelamiento en Roma. Les explica quiénes son en Cristo, les instruye a hacer a un lado las supersticiones y a poner a Cristo en el centro de sus vida.

Día 345
Leer Colosenses 1-4

Efesios

Esta carta ha sido llamada la corona de los escritos de Pablo. El tema central es que Cristo es el centro de todas las cosas y la iglesia esta unida a Él.

Dia 346
Leer Efesios 1-3

Día 347

Leer Efesios 4-6

Filipenses

El énfasis de esta carta es el gozo que el creyente en Cristo encuentra en todas las situaciones de la vida. Pablo la escribió mientras estaba en la cárcel.

Día 348

Leer Filipenses 1-4

1 Timoteo

Esta carta es una guía para Timoteo, un joven líder de la iglesia primitiva. Pablo le da consejos sobre la adoración, el ministerio y las relaciones dentro de la iglesia.

Día 349

Leer 1 Timoteo 1-3

Día 350

Leer 1 Timoteo 4-6; Tito 1-3

1 Pedro

Esta carta fue enviada a los cristianos del Asia Menor. Es principalmente un exhortación a permanecer firmes en medio de la persecución.

Día 351

Leer 1 Pedro 1-5

Hebreos

Esta carta reta a los nuevos cristianos a ir más allá de los rituales y las ceremonias tradicionales y a percatarse de que en Cristo todas estas cosas han encontrado su cumplimiento.

Día 352

Leer Hebreos 1:1-3:6

Día 353
Leer Hebreos 3:7-6:20

Día 354
Leer Hebreos 7-9

Día 355
Leer Hebreos 10-11

Día 356
Leer Hebreos 12-13

2 Timoteo

Esta es la última carta del apóstol Pablo y la escribe como un padre espiritual al joven pastor, instruyéndole en asuntos de doctrina y de conducta. Esta es una de las epístolas pastorales de Pablo, llamada así por haber sido dirigida a un individuo en lugar de una congregación.

Día 357

Leer 2 Timoteo 1-4

Judas

Esta carta es una apelación a que los creyentes se mantengan consistentes en su fe y su vida. Judas advierte a los creyentes en contra de la influencia negativa de personas fuera de la congregación de creyentes.

2 Pedro

A diferencia de 1 Pedro, que fue escrita para animar a los cristianos que eran perseguidos, 2 Pedro amonesta contra los falsos maestros y contiene muchas referencias a la segunda venida de Cristo.

Día 358

Leer Judas; 2 Pedro 1-3

1 Juan

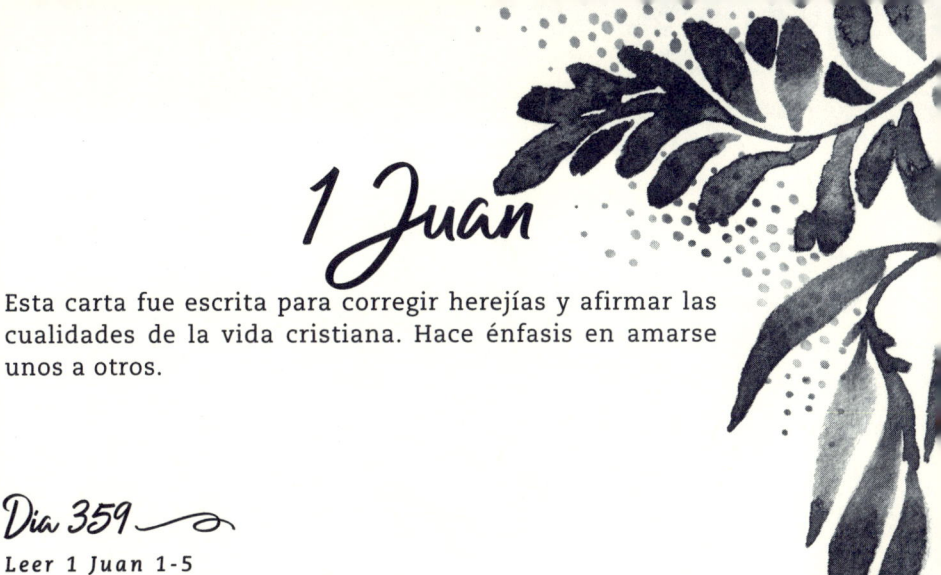

Esta carta fue escrita para corregir herejías y afirmar las cualidades de la vida cristiana. Hace énfasis en amarse unos a otros.

Día 359

Leer 1 Juan 1-5

2 Juan

Esta carta, dirigida a una mujer cristiana, advierte a los creyentes sobre los falsos maestros.

3 Juan

Esta carta habla de la necesidad de recibir a aquellos que predican a Cristo.

Día 360
Leer 2 and 3 John

Género apocalíptico

Esta categoría del Nuevo Testamento solo incluye el libro de Apocalipsis, donde se presenta la conclusión y consumación de la Biblia como la revelación de Dios para el hombre. Como Génesis es el libro de los principios, Apocalipsis es el libro de la consumación, que se anticipa a los eventos del fin de los tiempos, al retorno del Señor, a Su reino eterno, y a nuestro estado eterno.

Apocalipsis

De todos los escritos del Nuevo Testamento, Apocalipsis es el más difícil de interpretar. Los eruditos difieren sobre el significado exacto de algunos de los pasajes más importantes de este libro, pero el propósito básico es el mismo: alentar a los creyentes que estaban siendo perseguidos y afirmar su fe en que Dios cuidará de ellos. Usando símbolos y visiones, el escritor ilustra el triunfo del bien sobre el mal y la creación de una tierra nueva y un cielo nuevo.

Día 361
Leer Apocalipsis 1-5

Día 362
Leer Apocalipsis 6-10

Día 363
Leer Apocalipsis 11-13

Día 364
Leer Apocalipsis 14-18

Día 365

Leer Apocalipsis 19-22

Recuerdos de la fidelidad de Dios

Josué 4:21-24

«Y habló a los hijos de Israel, diciendo: Cuando mañana preguntaren vuestros hijos a sus padres, y dijeren: ¿Qué significan estas piedras? declararéis a vuestros hijos, diciendo: Israel pasó en seco por este Jordán. Porque Jehová vuestro Dios secó las aguas del Jordán delante de vosotros, hasta que habíais pasado, a la manera que Jehová vuestro Dios lo había hecho en el Mar Rojo, el cual secó delante de nosotros hasta que pasamos; para que todos los pueblos de la tierra conozcan que la mano de Jehová es poderosa; para que temáis a Jehová vuestro Dios todos los días».

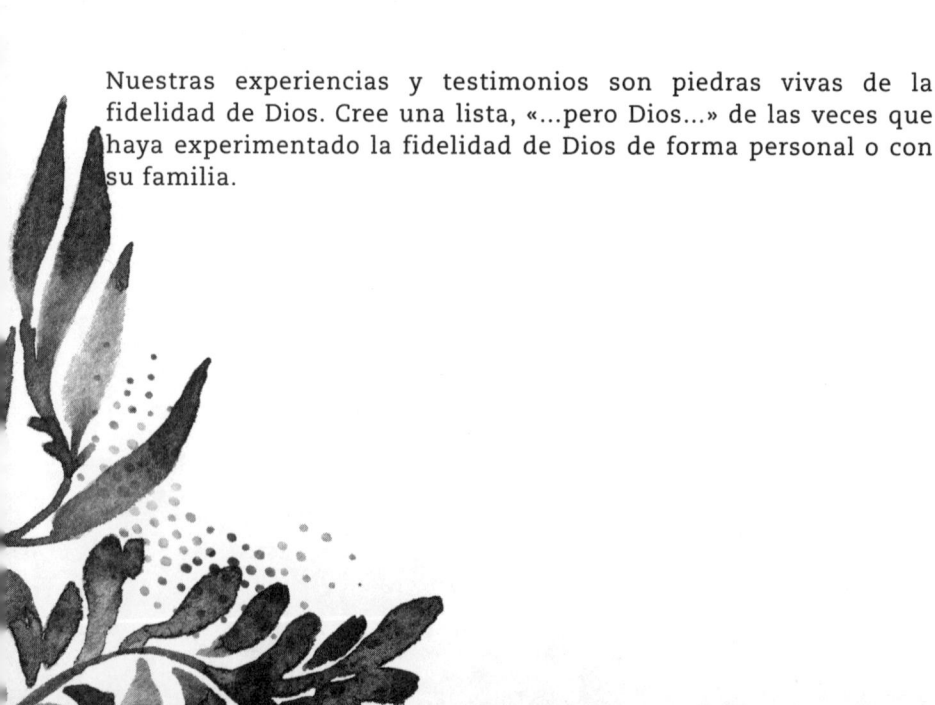

Nuestras experiencias y testimonios son piedras vivas de la fidelidad de Dios. Cree una lista, «...pero Dios...» de las veces que haya experimentado la fidelidad de Dios de forma personal o con su familia.

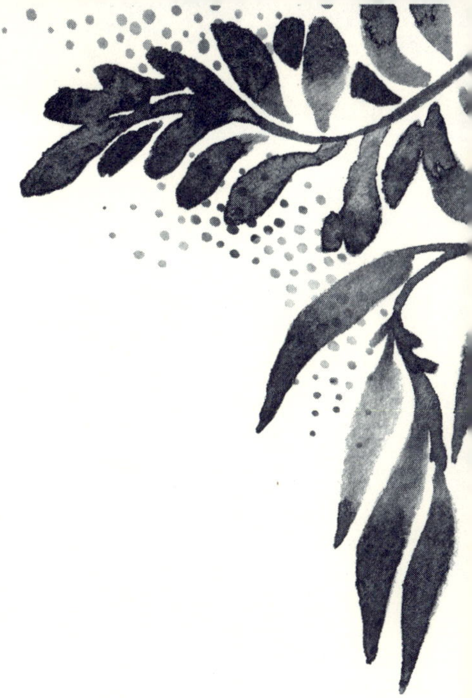

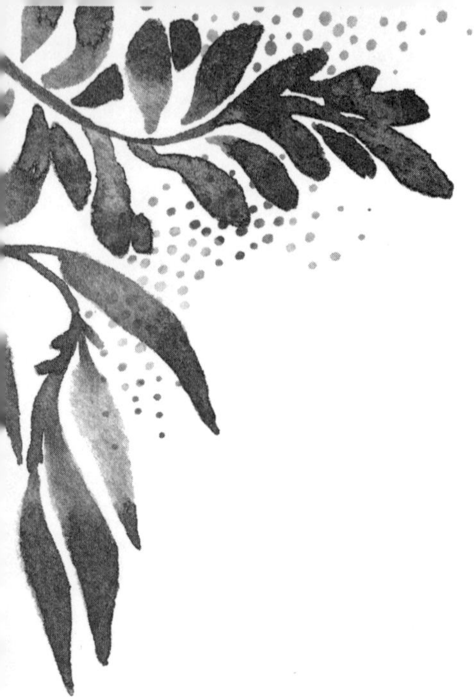